Loi n°49-956 du 16 juillet 1949 sur les publications destinées à la jeunesse.

N° d'éditeur : 2001/117 - Dépôt légal : mars 2001

Ça presse !

Daan Sterkmans et Liesbet Slegers

MAGNARD JEUNESSE

Comme chaque soir,
avant d'aller se coucher,
Basile a **terriblement** soif.
Il pourrait boire
des litres de limonade !

Et oui, Basile adore la limonade.
Ça pétille dans la bouche
et ça lui chatouille
délicieusement la gorge !

Ça pétille tellement
que Basile a l'impression de s'envoler.
Il se prend pour un avion.
Il court, court pour prendre son élan.

Sa maman lui crie de faire attention,
mais trop tard...
Elle entend un énorme bang...
Basile vient d'atterrir...
dans son lit !

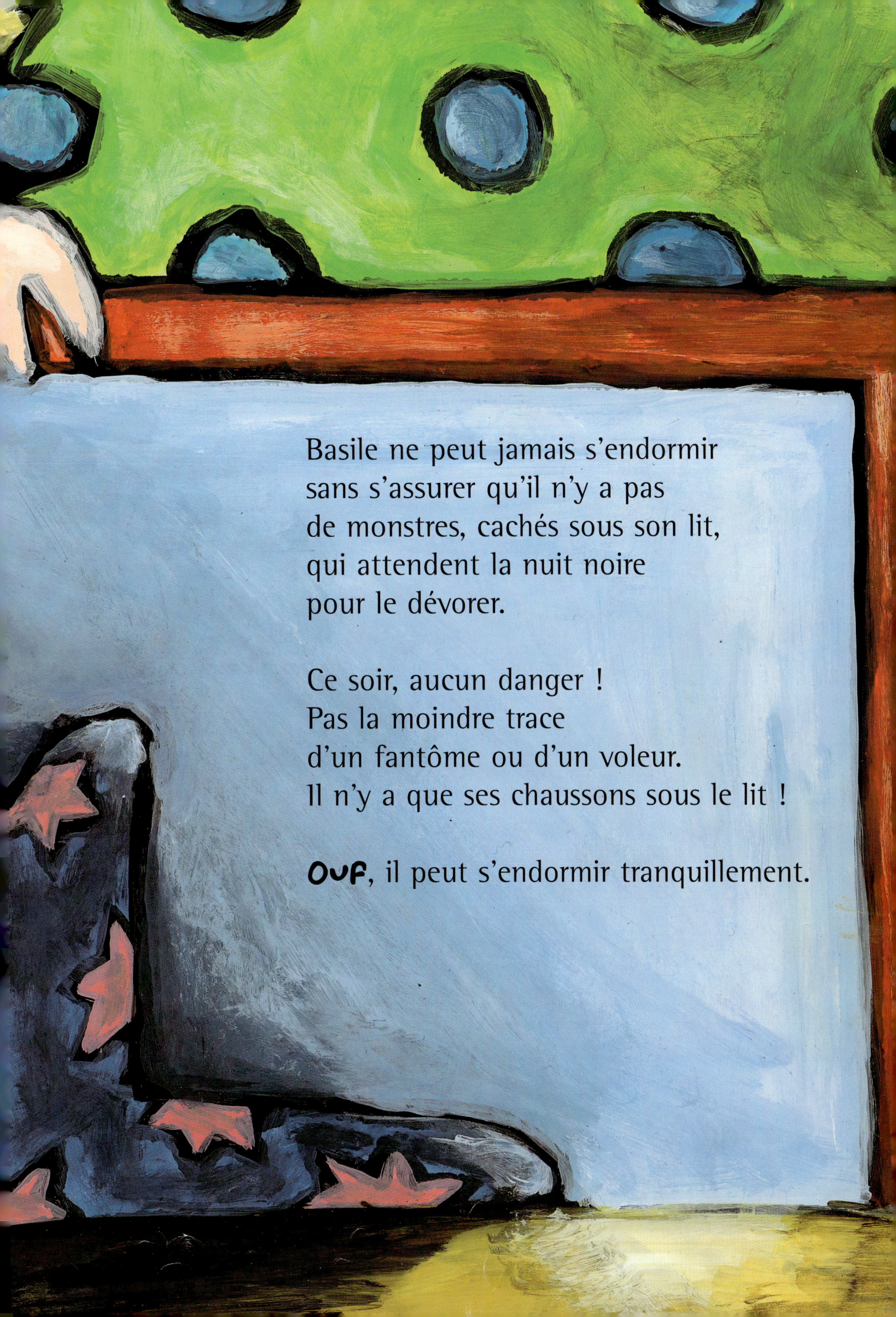

Basile ne peut jamais s'endormir
sans s'assurer qu'il n'y a pas
de monstres, cachés sous son lit,
qui attendent la nuit noire
pour le dévorer.

Ce soir, aucun danger !
Pas la moindre trace
d'un fantôme ou d'un voleur.
Il n'y a que ses chaussons sous le lit !

OUF, il peut s'endormir tranquillement.

Mais au milieu de la nuit,
Basile se réveille brusquement.
Il a certainement bu trop de limonade
et a une terrible envie de faire pipi !

Vite, **ça presse** !

Basile se précipite vers la porte.
Il a quand même un peu peur :
Le couloir est si long et si sombre…

Basile prend son courage à deux mains !
Dans seize marches, il sera **sauvé**…
Dans seize marches, il le sait,
il les a comptées plus d'une fois,
il sera aux toilettes !

Basile avance sur la pointe des pieds.
Tout doucement, il compte : 1, 2, 3...
Et soudain, il hurle :
« Au secours, un homme, là, dans le noir... »

En moins d'une seconde,
il se réfugie dans sa chambre et claque la porte.
« Cet homme avait un énorme pistolet,
pense Basile. Il m'a fait une de ces peurs ! »

Il se précipite dans son lit
mais, **ouille, ouille, ouille,**
il se cogne l'orteil.
Ça lui fait terriblement mal
et il a toujours une furieuse envie
de faire pipi.

D'ailleurs, il ne peut plus se retenir.
S'il ne fait pas quelque chose, **vite**,
il va avoir une fuite !

C'est la panique ! Que faire ?
Basile n'a plus le temps d'aller
jusqu'aux toilettes et en plus il a peur.
Il ne voit qu'une seule solution !

Et il n'y a pas
une minute à perdre !

Il hésite un instant
puis très rapidement
Pointe son **ZiZi** vers la plante.

Et même s'il est un peu
désolé, honteux et embarrassé,
Jamais, il n'avait eu autant
de plaisir à faire pipi !

Vous parlez d'une aventure…

Le lendemain matin,
sa maman trouve
qu'il y a une drôle d'odeur
dans la chambre de Basile.

Elle renifle dans tous les coins
et finalement se dirige vers la plante.
Aïe, aïe, aïe ! Catastrophe !
Sa mère va découvrir le pot aux roses
et il va se faire gronder.

Basile se sent de plus en plus mal.
Il est tout rouge.

Mais, **OUF, SAUVÉ** !
Sa mère ouvre la fenêtre
pour faire entrer un peu d'air frais
sans un regard à la plante
qui a pourtant l'air bien malade !

Basile l'a échappé belle !

Le soir-même, Basile est très excité.
C'est l'heure de sa limonade !
Il frétille à l'idée de boire
d'une traite sa boisson préférée.

Mais sa mère lui tend un verre à moitié vide
en lui disant que ça sera tout pour ce soir !
Vexé comme un pou, Basile décide que,
puisque c'est comme ça,
il n'en boira pas du tout !

NA !

De très mauvaise humeur et la gorge sèche,
Basile part se coucher.
Et, comme tous les soirs, il regarde sous son lit...
Et là, **oh, surprise** !
Qui a bien pu mettre ça là !

Basile est rouge de honte :
c'est un pot de chambre...
pour la prochaine urgence !

Mais en réfléchissant bien,
un pot de chambre,
ce n'est pas si nul que ça...
On peut s'en servir comme chapeau !

Et puis la plante
qu'il avait honteusement arrosée
s'est transformée en une magnifique
rose rouge.

Encore un coup de **magie** de maman !